LA FOOD EXPERIENCE - PÂTISSERIE
EDITION 2025

Auteurs: Vuthea Lim & Laetitia Pailloux
Illustratrice : Bénédicte Marchandin
Relecteurs : Mallaury Brahami (Français) - Brigitte Alis (Anglais)

W0368085

La Food Experience
PÂTISSERIE
PARIS

Découvrez Paris avec gourmandise

Nous avons toujours été passionnés par Paris...
Ses ruelles empreintes d'histoire, ses lumières envoûtantes, son charme unique.

Nous avons toujours aimé savourer de bons repas...
Partager des instants gourmands, découvrir des saveurs qui éveillent les sens.

Et nous avons toujours adoré partir à la recherche de pépites culinaires...
Ces adresses cachées, ces trésors de savoir-faire qui racontent une histoire.

Alors nous avons réuni ces trois passions dans un guide unique :
LA FOOD EXPERIENCE - PÂTISSERIE
Ce guide original vous invite à explorer Paris autrement.

Découvrez des lieux uniques où des artisans passionnés vous accueilleront avec générosité pour vous faire déguster leurs spécialités.

Laissez-vous séduire par l'atmosphère parisienne et faites une pause dans les 20 adresses sélectionnées spécialement pour vous, avec 20 dégustations exceptionnelles incluses dans votre aventure.

BONNE AVENTURE ...

La Food Experience
PÂTISSERIE
PARIS

Experience Paris with taste

We have always had a passion for Paris:
Its streets filled with history, its enchanting lights and its unique charm.

We have always loved enjoying good meals:
Sharing delicious moments, discovering flavors that awaken our senses.

And we have always loved seeking out culinary gems:
Those hidden spots, those treasures of craftsmanship that tell a story.

So we brought these three passions together in one book:
LA FOOD EXPERIENCE PATISSERIE

This unique guide invites you to explore Paris in a different way.
Discover remarkable places where passionate artisans will welcome you with generosity and let you taste their specialties.

Let yourself be charmed by the Parisian atmosphere and take a break at the 20 addresses specially selected for you, with 20 exceptional tastings included in your adventure.

BONNE AVENTURE ...

COMMENT ÇA MARCHE ?

La FOOD EXPERIENCE est un city-book qui vous propose de vivre 20 expériences culinaires inédites. Partez à la rencontre des artisans passionnés et dégustez leurs meilleures créations.

Ce livre vous donne droit à une dégustation chez chaque partenaire de ce guide. Valable jusqu'au 28 février 2026.

1

CHOISISSEZ L'ÉTABLISSEMENT
CHOOSE THE ESTABLISHMENT

2

VÉRIFIEZ LES HORAIRES D'OUVERTURES VIA LE QR CODE
CHECK THE OPENING HOURS WITH THE QR CODE

3

RENDEZ-VOUS AU LIEU CHOISI
GO TO THE CHOSEN PLACE

Lors de votre aventure culinaire

- Découvrez les autres pépites proposées à la vente par l'établissement
- Partagez votre expérience sur les réseaux sociaux, en taggant l'établissement et @lafoodexperience
- Laissez un avis sur Google: vos mots contribuent à valoriser le travail de nos partenaires.
- Offrez un guide La Food Experience à vos proches et découvrez nos autres éditions: vegan, gastronomie française, cuisine du monde, vins et spiritueux, etc.

Retrouvez la liste des allergènes dans les établissements.

Si le produit de dégustation n'est plus disponible (rupture, produits de saison, ...), le partenaire vous proposera la degustation d'un produit équivalent.

HOW DOES IT WORK?

The FOOD EXPERIENCE is a city-book that invites you to enjoy 20 unique culinary experiences. Meet passionate artisans and savor their finest creations.

This book is valid until February 28th, 2026.

4 — **PRÉSENTEZ VOTRE LIVRE**
PRESENT YOUR BOOK

5 — **FAITES SIGNER «LA PAGE DÉDICACES»**
HAVE YOUR «AUTOGRAPH PAGE» SIGNED

6 — **DÉGUSTEZ ET PROFITEZ**
TASTE & ENJOY

7 — **PARTAGEZ VOTRE EXPERIENCE**
SHARE YOUR EXPERIENCE

During your food adventure

- Discover other delightful products offered for sale by the establishment.
- Share your experience on social media by tagging the establishment and @lafoodexperience.
- Leave a review on Google: Your words are a wonderful way to showcase the work of our partners.
- Offer The Food Experience guide to your loved ones and explore our other editions: vegan, French gastronomy, world cuisine, wine, spirits, and more.

You can find the allergen information in the establishments.

If the tasting product is no longer available (out of stock, seasonal products, ...), the partner will offer you a tasting of an equivalent product.

OÙ LES TROUVER?

Where to find them?

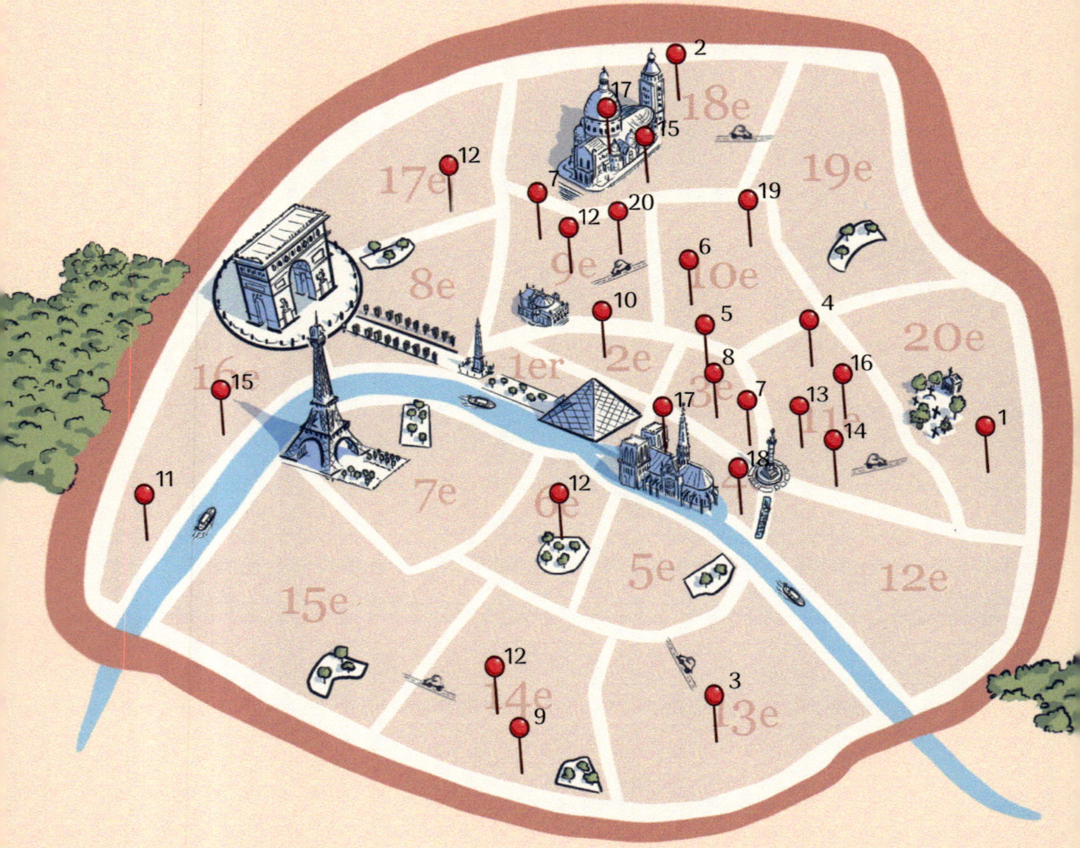

SOMMAIRE
Table of contents

Expérience 1

Dégustez un chou à la pistache et fleur d'oranger

Taste a pistachio and orange blossom cream puff

Nichée dans le 20 ème arrondissement de Paris, La Pâtisserie Mélilot s'impose comme une adresse incontournable pour les amateurs de douceurs.

Chaque jour, pâtisseries, viennoiseries et cakes faits maison sont préparés avec une attention particulière, et chaque création est le fruit d'un savoir-faire méticuleux.

La Pâtisserie Mélilot privilégie des ingrédients de qualité, locaux et sourcés. Une véritable pépite du quartier, parfaite pour combler les envies des gourmands et des amoureux de sucreries raffinées !

Nestled in the 20th arrondissement of Paris, Pâtisserie Mélilot has become a must-visit spot for dessert lovers. Every day, homemade pastries, viennoiseries, and cakes are prepared with special care, and each creation is the result of meticulous craftsmanship.

Pâtisserie Mélilot prioritizes high-quality, locally sourced ingredients. A true gem of the neighborhood, it's perfect for satisfying the cravings of sweet lovers and fans of refined treats.

Les choux à la crème sont nés au XVIe siècle grâce à Popelini, pâtissier de Catherine de Médicis. Il créa la pâte à choux, formant de petites boules garnies de crème pâtissière. Ce dessert italien est devenu un incontournable de la pâtisserie française, inspirant éclairs, religieuses et profiteroles.

Cream puffs originated in the 16th century thanks to Popelini, a pastry chef for Catherine de Medici. He created choux pastry, shaping small balls filled with pastry cream. This Italian dessert became a staple of French pastry, inspiring many classics such as éclairs, religieuses and profiteroles.

On adore aussi:

Le flan ainsi que le chausson aux pommes sont des incontournables de cette pâtisserie !

We also love

The flan and the apple turnover are must-tries at this patisserie.

PÂTISSERIE MÉLILOT

DOOKIES
DES COOKIES ALLIANT QUALITÉ, AMOUR ET INGRÉDIENTS LOCAUX SÉLECTIONNÉS AVEC SOIN
Quality, love, and locally sourced ingredients carefully selected
8 RUE SAINTE-ISAURE
75018, PARIS

Expérience

2 | Dégustez un délicieux Dookie

Taste a delicious Dookie

En franchissant la porte de cet écrin niché au cœur de Montmartre, laissez-vous transporter dans l'univers élégant et raffiné des cookies d'exception, sublimés par un savoir-faire français unique.

Plus de 20 saveurs sont proposées dans cette jolie boutique, allant du classique chocolat au lait avec une touche de fleur de sel de Guérande, à des créations plus audacieuses comme la pistache accompagnée de sa compotée de framboise.

Chaque client profite d'un accompagnement chaleureux et passionné, garantissant une expérience unique. Bien plus qu'un simple moment de gourmandise, c'est un véritable instant de partage.

As you step through the door of this jewel nestled in the heart of Montmartre, let yourself be transported into the elegant and refined world of exceptional cookies, enhanced by unique French craftsmanship.

More than 20 flavors are offered in this charming boutique, ranging from classic milk chocolate with a touch of Guérande sea salt to bolder creations like pistachio paired with raspberry compote.

Each customer enjoys warm and passionate service, ensuring a unique experience. Far more than just a moment of indulgence, it is a true moment of sharing.

♥

La rue Sainte-Isaure, dans le 18ème à Montmartre, porte le nom d'une martyre chrétienne. Calme et discrète, elle reflète l'authenticité montmartroise, inspirant artistes et flâneurs. Proche de Jules Joffrin, son charme typique rappelle l'atmosphère du film : «Le fabuleux destin d'Amélie Poulain». Une pause hors du temps dans Paris.

Rue Sainte-Isaure, in the 18th arrondissement of Montmartre, is named after a Christian martyr. Quiet and discreet, it reflects the authenticity of Montmartre, inspiring artists and wanderers alike. Close to Jules Joffrin, its typical charm evokes the atmosphere of the film Amélie Poulain. A timeless escape in the heart of Paris.

On adore aussi:

Chaque saveur de Dookies est un délice unique, avec sa propre personnalité, et offre une expérience incomparable !

We also love

Each Dookies flavor is a unique delight, with its own personality, offering an incomparable taste

Dookies

©Agence4K

PÂTISSERIE
SAISON
PARTEZ À LA DÉCOUVERTE DES SAVEURS
ASIATIQUES ET EXOTIQUES
Embark on a journey to discover Asian and exotic flavors
65 AVENUE D'IVRY
75013, PARIS

Expérience

3 Dégustez une part de bánh bò nuong

Taste a slice of bánh bò nướng

Toutes les saveurs de l'Asie sont représentées ici : Vietnam, Thailande, Cambodge, Chine. Cette pâtisserie, fondée en 1983 et située dans le 13 ème arrondissement de Paris est une institution pour la communauté asiatique qui vient y acheter des gâteaux, pâtisseries, desserts et autres gourmandises typiques, pour toutes les grandes occasions.

Ici, les noms des produits sont exotiques, tout comme les ingrédients utilisés pour leur confection: lait de coco, tapioca, taro, matcha, pandan.

Vous trouverez donc des «Khanom Chan », typiques de Thailande, des « bánh bò nướng » du Vietnam, des « Zongzi » de Chine mais aussi les fameux gâteaux de lunes, les perles coco, les brioches fourrées, les roulés et bien plus encore.

This pastry shop, founded in 1983 and located in the 13th arrondissement of Paris, is an institution for the Asian community, who come here to buy cakes, pastries, desserts, and other typical treats for all major occasions.

Here, the product names are exotic, as are the ingredients used in their preparation: coconut milk, tapioca, taro, matcha, pandan. You will find "Khanom Chan" from Thailand, "bánh bò nướng" from Vietnam, "Zongzi" from China, as well as the famous Mooncakes, coconut pearls, stuffed buns, rolls, and more.

Le bánh bò nướng, dessert vietnamien traditionnel, est connu pour sa texture unique en nid d'abeilles et son parfum de lait de coco.
Inspiré de la cuisine chinoise, il est préparé avec de la farine de tapioca, des œufs et du sucre. Cuit au four, il est incontournable lors des fêtes et accompagne parfaitement le thé.

*The bánh bò nuong, a traditional Vietnamese dessert, is known for its unique honeycomb texture and coconut milk fragrance.
Inspired by Chinese cuisine, it is made with tapioca flour, eggs, and sugar. Baked in the oven, it is a must-have during festivals and pairs perfectly with tea.*

On adore aussi:

La brioche coco, le millefeuille de saison aussi appelé le Khanom Chan, et leur incroyable sandwich bánh mì.

We also love

Coconut brioche, the seasonal millefeuille also called Khanom Chan, and their incredible bánh mì sandwich.

Pâtisserie Saison
1983

PÂTISSERIE SAISON

PÉPITE
BOULANGERIE
LA RENCONTRE ENTRE LA PÂTISSERIE TRADITIONNELLE
ET DES CRÉATIONS AUDACIEUSES AUX SAVEURS UNIQUES
The fusion of traditional pastry and bold creations with unique flavors
©Johanna Alam
23 BOULEVARD VOLTAIRE
75011, PARIS

Expérience

4 | Dégustez le Black Croissant
Taste the Black Croissant

Chez Pépite, les classiques de la tradition française se réinventent et c'est vrai surtout pour la viennoiserie !

Chausson aux pommes pimpé d'une touche d'aneth, roulé chocolat-pistache qui fait saliver, cruffin au caramel qui fait fondre, Matcha Bowl bien gourmand, ou encore le Black Croissant... cette avalanche de bonheurs sucrés met de la joie dans nos vies !

Ici vous dégusterez le Black Croissant avec une pâte à croissant au beurre et charbon noir garnie d'une crème pâtissière au sésame noir et topping ganache au sésame noir.

At Pépite Boulangerie, French traditional classics are reimagined, especially when it comes to viennoiseries !

Apple turnover with a twist of dill, mouthwatering chocolate-pistachio roll, caramel cruffin that melts in your mouth, indulgent Matcha Bowl, and even the black croissant... this avalanche of sweet delights brings joy to our lives !

Here, you can savor the black croissant made with charcoal butter croissant dough, filled with black sesame pastry cream, and topped with black sesame ganache.

♥

En 1909, le boulevard Voltaire accueillit le tout premier défilé aérien de France. Depuis un immeuble du quartier, des Parisiens émerveillés observaient les avions voler à basse altitude, symboles d'un avenir technologique prometteur.
Ce moment marqua l'histoire, transformant ce lieu en un témoin inattendu des premiers pas de l'aviation en pleine capitale.

In 1909, Boulevard Voltaire hosted France's very first air parade. From a neighborhood building, amazed Parisians watched as planes flew at low altitude, symbols of a promising technological future. This moment marked history, turning the location into an unexpected witness to the early days of aviation in the heart of the capital.

On adore aussi:

Le mochi-cookie : un cookie garni d'une pâte de riz gluant. A ne manquer sous aucun prétexte !

We also love

The mochi-cookie: a cookie with a chewy rice paste filling at its heart. Not to be missed under any circumstances !

RUE
J.P. TIMPAUD
BOULANGERIE
MAISON DE QUALITÉ
FARINE DE MEULE
VIENNOISERIES AU BEURRE
SANDWICHES VARIÉS
PATISSERIES FINES
TRAITEUR
SALADES
©Johanna Alam

PÉPITE BOULANGERIE

CHRISTOPHE LOUIE
DES PANETTONES D'EXCEPTION: TRADITION ET GOURMANDISE RÉINVENTÉES
Exceptional panettone: tradition and indulgence reinvented
©Salomé Rateau
12 RUE DUPETIT-THOUARS
75003, PARIS

Expérience

5 | Dégustez un morceau de panettone

Try a slice of traditional panettone

Artisan passionné, Christophe Louie sublime l'art du levain depuis 2017. Ancien chef pâtissier, il s'est formé auprès des meilleurs artisans italiens pour maîtriser l'art du panettone. Son panettone traditionnel, appelé Classico en Italie, est préparé avec des fruits confits et des raisins secs. Chaque pièce demande 72 heures de travail, offrant une texture aérienne et des saveurs uniques.

Inspiré par ses souvenirs d'enfance, Christophe propose aussi des produits authentiques comme le pain au levain, le flan et les madeleines.Sans conservateurs, ses créations mêlent tradition et passion, avec une conservation jusqu'à un mois. Découvrez une expérience gourmande unique !

A passionate artisan, Christophe Louie has been perfecting the art of sourdough since 2017. A former pastry chef, he trained with the finest Italian artisans to master the craft of panettone.

His traditional panettone, called Classico in Italy, is made with candied fruits and raisins. Each piece requires 72 hours of work, resulting in an airy texture and unique flavors.

Inspired by his childhood memories, Christophe also offers authentic products such as sourdough bread, flan, and madeleines
Without preservatives, his creations blend tradition and passion, with a shelf life of up to one month.

Le panettone, symbole de Noël italien, est né à Milan au Moyen Âge. Selon la légende, un apprenti boulanger nommé Toni, épris de la fille de son maître, créa ce pain sucré pour l'impressionner. Enrichissant une pâte simple avec beurre, œufs, fruits confits et raisins secs, il donna naissance au "pan de Toni", devenu une tradition festive.

Panettone, a symbol of Italian Christmas, originated in Milan during the Middle Age. According to the legend, a young baker's apprentice named Toni, in love with his master's daughter, created this sweet bread to impress her.
By enriching a simple dough with butter, eggs, candied fruits, and raisins, he gave birth to the "pan de Toni," which became a festive tradition.

A ne pas rater

Les incroyables madeleines à la fleur d'oranger et zeste de vanille, leur flan qui fond dans la bouche, les cannelés bordelais et leur pain au levain.

We also love

The incredible madeleines with orange blossom and vanilla zest, their melt-in-your-mouth flan, Bordeaux canelés, and sourdough bread.

©Agence4K

CHRISTOPHE LOUIE

©Géraldine Martens

Expérience

6 | Dégustez un Tiramouss

Taste a Tiramouss

Hugo Riboulet, vainqueur de Top Chef 2023, et Albane Auvray, candidate pétillante de la même saison, dévoilent leur adresse commune sous le nom de Groot.

C'est dans le 2ème arrondissement de Paris, du côté de Montorgueil, que les deux amis ouvrent un concept de street-food gastronomique totalement inédit. Pour cette première adresse, Albane et Hugo mettent à l'honneur les tourtes, ces généreux dômes de pâte feuilletée qui renferment des ingrédients bien sourcés et cuisinés avec la technique imparable des plus grands chefs.

Mais pour ceux qui veulent se faire un gros plaisir régressif, là aussi les deux chefs n'ont pas lésiné sur la créativité avec le TiraMouss. Pour ce dessert, les deux chefs ont souhaité réunir leurs deux desserts préférés : le tiramisu et la mousse !

Hugo Riboulet, winner of Top Chef 2023, and Albane Auvray, a vibrant contestant from the same season, reveal their shared venture under the name Groot.

In the 2nd arrondissement of Paris, near Montorgueil, the two friends are launching a completely new concept of gourmet street food. For this first location, Albane and Hugo spotlight savory pies, generous domes of puff pastry filled with carefully sourced ingredients, cooked with the flawless technique of top chefs.
But for those craving indulgent comfort food, the two chefs have also unleashed their creativity with the TiraMouss..For this dessert, the two chefs wanted to bring together their two favorite desserts, tiramisu and mousse.

♥

La rue Saint-Sauveur dans le 2ème arrondissement de Paris cache un petit secret : à une époque, elle était réputée pour ses boutiques de fournitures religieuses, offrant tout, des cierges aux chapelets. Aujourd'hui, elle est animée par ses petits cafés et commerces branchés, créant une ambiance conviviale et pleine de charme !

Rue Saint-Sauveur in the 2nd arrondissement of Paris holds a little secret: it was once known for its religious supply shops, offering everything from candles to rosaries. Today, it comes alive with cozy cafés and trendy boutiques, creating a warm and charming atmosphere!

On adore aussi:

Les tourtes salées sont tout simplement irrésistibles ! Véritable spécialité de la maison, à ne surtout pas rater !

We also love

The savory pies are simply irresistible! A true specialty of the house, not to be missed !

GROOT
LA TOURTE
ALBANE AUVRAY
×
HUGO RIBOULET
©Salome Rateau

GROOT

BABKA ZANA
UNE BOULANGERIE LEVANTINE POUR PARTAGER LA PASSION DE CETTE TRADITION
A Levantine bakery to share the passion for this tradition
65 RUE CONDORCET 75009, PARIS
8 RUE DU PAS DE LA MULE 75003, PARIS

Expérience **7**

Dégustez une babka chocolat
Taste a chocolate babka

Babka Zana, fondée à Paris en 2020 par un jeune couple passionné de gastronomie, s'inspire des racines et de la culture culinaire du Moyen-Orient.

Leur spécialité, la babka, une brioche tressée d'origine juive d'Europe de l'Est, est réinventée avec des saveurs modernes et des ingrédients haut de gamme comme le sésame noir, la pistache ou le praliné.

En plus de la babka, la boutique propose des rugelachs, petits croissants briochés, de la hallah, pain traditionnel du vendredi, des sandwichs, des borekas et d'autres délices, offrant une fusion unique de traditions et de modernité.

Babka Zana, founded in Paris in 2020 by a young couple passionate about gastronomy, is inspired by the roots and culinary culture of the Middle East.

Their specialty, babka, a braided brioche of Eastern European Jewish origin, is reinvented with modern flavors and premium ingredients like black sesame, pistachio, and praline.

In addition to babka, the shop offers rugelach, small brioche croissants, challah, the traditional Friday bread, sandwiches, borekas, and other delights, providing a unique fusion of tradition and modernity.

La babka trouve ses origines dans la tradition juive d'Europe de l'Est, où elle était souvent préparée pour les célébrations et les fêtes. Son nom vient du mot polonais "babka," signifiant "petite grand-mère," en référence à la forme torsadée de la pâte qui rappelle les vêtements des grands-mères.

Babka has its roots in Eastern European Jewish tradition, where it was often prepared for celebrations and holidays. Its name comes from the Polish word "babka," meaning "little grandmother," in reference to the twisted shape of the dough, reminiscent of grandmother's clothing.

On adore aussi:

Impossible de choisir parmi toutes les saveurs de babka : cannelle, praliné, tatin...
On ne sait plus où donner de la tête!

We also love

It's impossible to choose between all the babka flavors: cinnamon, praline, tatin...

BABKA ZANA
BOULANGERIE

BABKA ZANA

Expérience 8

Dégustez un cookie chocolat au lait & fleur de sel

Taste a milk chocolate and sea salt cookie

Maison Plume est une pâtisserie artisanale qui propose des produits sans sucre, sans gluten et à faible indice glycémique.

Aussi délicieuses que des pâtisseries traditionnelles, ces créations permettent de se faire plaisir, sans culpabilité !

Les produits sont accessibles aux personnes diabétiques, cœliaques, mais aussi à tous les gourmands ayant envie de douceurs bonnes pour les papilles et pour le corps.

Le cookie chocolat au lait-fleur de sel est l'une des gourmandises de la Maison Plume, régressif à souhait et sain !
L'espace coffee-shop cosy permet une dégustation sur place.

Maison Plume is an artisanal pastry offering sugar-free, gluten-free, and low-glycemic index products.

Just as delicious as traditional pastries, these creations let you indulge without guilt !
The products are accessible to people with diabetes, celiac disease, and to all dessert lovers looking for treats that are both delicious and good for the body.

The milk chocolate and sea salt cookie is one of the house specialties, indulgent and healthy !
The cozy coffee shop space allows for on-site tasting.

La rue Auguste Maquet à Paris rend hommage à l'ingénieur ayant contribué à la construction de l'aqueduc de la Vanne, qui approvisionne Paris en eau potable depuis le XIXe siècle.
Une rue calme et pleine de charme, qui mêle histoire et élégance parisienne.

Rue Auguste Maquet in Paris pays tribute to the engineer who contributed to the construction of the Vanne aqueduct, which has supplied Paris with drinking water since the 19th century.
A quiet and charming street that blends history with Parisian elegance.

On adore aussi:

La plume citron meringuée est une recette phare de la Maison. Une délicieuse création à ne pas rater !

We also love

The lemon meringue Plume is one of the house's signature recipes, a delicious creation not to be missed.

MAISON PLUM

Expérience

9 | Dégustez le cactus
Taste the famous cactus

Rodolphe Groizard, chef pâtissier créateur de Wonderland Pâtisserie, a un parcours inspirant. Formé chez les Compagnons du Devoir, il a perfectionné son art en France, en Allemagne et en Martinique.

Après avoir enchanté les convives du restaurant étoilé, La Mare aux Oiseaux pendant 12 ans, il obtient le titre de Meilleur Pâtissier de l'Ouest en 2017 par Gault et Millau. En 2019, il réalise son rêve en ouvrant sa pâtisserie, à Paris dans le 14 ème arrondissement, où il mêle l'amour de la nature à ses créations sucrées.

Ici vous pourrez déguster sa pâtisserie signature, le Cactus : sous son apparence intrigante se cache un cœur façon tarte au citron qui révèle une mousse délicate au yuzu et une ganache subtile aux zestes de citron vert. Le tout repose sur un crumble de sésame noir. un véritable régal.

Rudolphe Groizard, pastry chef and founder of Wonderland Patisserie, has an inspiring journey. Trained with Les Compagnons du Devoir, he honed his craft in France, Germany, and Martinique. After delighting guests at the Michelin-starred restaurant La Mare aux Oiseaux for 12 years, he was named Best Pastry Chef of the West in 2017 by Gault & Millau. In 2019, he fulfilled his dream by opening his patisserie in the 14th arrondissement of Paris, where he blends his love of nature with his sweet creations.

Here, you can savor his signature pastry, Le Cactus: beneath its intriguing appearance lies a lemon tart, inspired core, revealing a delicate yuzu mousse and a subtle lime zest ganache. All of this rests on a black sesame crumble, a true delight.

♥

Amedeo Modigliani, figure emblématique de Montparnasse, arpentait souvent les alentours de l'avenue du Maine dans les années 1920, alors cœur artistique de Paris. Ses rencontres avec d'autres artistes et ses nuits bohèmes dans les cafés voisins ont marqué l'histoire culturelle du quartier, bien avant que son génie ne soit reconnu mondialement.

Amedeo Modigliani, an iconic figure of Montparnasse, often roamed the area around Avenue du Maine in the 1920s, then a hub of Parisian art.
His encounters with fellow artists and bohemian nights in nearby cafés shaped the cultural history of the neighborhood, long before his genius gained worldwide recognition.

On adore aussi:

Ne repartez pas sans avoir goûté leurs délicieux pralinés au chocolat, leurs délicieuses viennoiseries et leurs cakes !

We also love

Don't leave without tasting their delicious chocolate pralines, their delightful pastries, and their cakes !

WONDERLAND PÂTISSERIE

SWEET INTUITION

LA PÂTISSERIE OÙ CHAQUE GÂTEAU
DEVIENT UNE ŒUVRE D'ART

The pastry shop where every cake becomes a work of art

©Agence

4 RUE DUSSOUBS
75002, PARIS

Expérience

10 | Dégustez une tranche de cake
Taste a slice of cake

Découvrez une pâtisserie où chaque création raconte une histoire, alliant savoir-faire artisanal et inspirations modernes.

Vous rencontrerez Farah, une pâtissière passionnée, qui élabore chaque semaine de nouvelles recettes, mêlant des ingrédients de qualité et une touche d'audace. Vous pourrez y déguster une part de cake, selon les créations du moment.

Chez Sweet Intuition, les clients ont également la liberté de composer leur propre création en sélectionnant parmi une variété de saveurs et d'ingrédients de saison. Ces créations, aussi belles que délicieuses, sont pensées pour ravir autant les yeux que les papilles.

Discover a patisserie where each creation tells a story, blending artisanal expertise with modern inspirations.

You will meet Farah, a passionate pastry chef who creates new recipes every week, blending high-quality ingredients with a touch of boldness. You can enjoy a slice of cake, depending on the creations of the moment.

At Sweet Intuition, you also have the freedom to create your own pastry by selecting from a variety of seasonal flavors and ingredients. These creations, as beautiful as they are delicious, are designed to delight both the eyes and the taste buds

♥

Autrefois, ce quartier était très animé et accueillait de nombreux ateliers d'artisans, dont des imprimeurs et relieurs.
Aujourd'hui, la rue Dussoubs reflète un mélange entre ce passé artistique et une ambiance plus moderne avec ses nombreux cafés et commerces. C'est un endroit qui incarne l'esprit vibrant et créatif de Paris.

In the past, this neighborhood was very lively and hosted many artisan workshops, including printers and bookbinders.
Today, Rue Dussoubs reflects a blend of its artistic past and a more modern vibes with its many cafés and shops. It is a place that embodies the vibrant and creative spirit of Paris.

On adore aussi:

Les pâtisseries se renouvellent sans cesse : chaque semaine, laissez-vous surprendre par une création gourmande et irrésistible.

We also love

The pastries are constantly evolving , each week, be surprised by a delicious and irresistible creation.

Sweet Intuition

ENZO & LILY

LE SPOT GLACÉ PRÉFÉRÉ DES PARISIENS !

Favorite ice cream spot for Parisians !

2 RUE AUGUSTE MAQUET
75016, PARIS

Expérience

11 | Dégustez une glace ou un sorbet
Taste an ice cream or a sorbet

Créée en 2021 par Lionel Chauvin, cette glacerie artisanale, nichée dans le 16 ème arrondissement de Paris, invite à un voyage gourmand entre parfums classiques et créations audacieuses.

Sublimant des ingrédients naturels et locaux, sans conservateurs ni colorants artificiels, elle charme aussi bien les habitants du quartier que les amateurs de douceurs glacées en quête d'authenticité.

Grâce à son savoir-faire et à son sens de l'originalité, Lionel Chauvin a fait de cette adresse une véritable référence pour les passionnés de glaces en quête de desserts glacés uniques et savoureux !

Founded in 2021 by Lionel Chauvin, this artisanal ice cream shop, nestled in the 16th arrondissement of Paris, invites you on a gourmet journey through classic flavors and bold creations.

Enhancing natural and local ingredients, without preservatives or artificial coloring, it delights both neighborhood residents and ice cream enthusiasts seeking authenticity.

Thanks to his expertise and sense of originality, Lionel Chauvin has made this place a true reference for ice cream lovers in search of unique and delicious frozen desserts.

♥

La rue Auguste Maquet rend hommage au célèbre écrivain et collaborateur d'Alexandre Dumas. Connu pour sa contribution à des chefs-d'œuvre comme les Trois Mousquetaires, Maquet a marqué l'histoire littéraire, bien qu'il soit souvent resté dans l'ombre.
Un clin d'œil discret à un talent méconnu !

Rue Auguste Maquet honors the famous writer and collaborator of Alexandre Dumas. Known for his contribution to masterpieces such as The Three Musketeers, Maquet left his mark on literary history, though he often remained in the shadows. A subtle nod to an unsung talent.

On adore aussi:

Découvrez les délicieux desserts glacés, tels que des bûches, et leurs incroyables macarons glacés !

We also love

Discover the delicious frozen desserts, such as yule logs, and their incredible frozen macarons !

ENZO & LILY

ENZO & LILY

LA MERINGAIE
L'ART DE SUBLIMER LA DOUCEUR AÉRIENNE DES MERINGUES ET DES PAVLOVAS EN CRÉATIONS GOURMANDES UNIQUES
The art of elevating the airy sweetness of meringues and pavlovas into unique, indulgent creations.
21 RUE DE LÉVIS 75017, PARIS
41 RUE DU CHERCHE-MIDI 75006, PARIS
35 RUE DES MARTYRS 75009, PARI
8 RUE DAGUERRE 75014, PARIS

Expérience

12 Dégustez une bouchée de Pavlova

Taste a bite of pavlova

La Meringaie est une pâtisserie parisienne spécialisée dans la création de pavlovas, des desserts à base de meringue croustillante et fondante, garnis de crème fouettée et de fruits frais.
Leur savoir-faire artisanal se reflète dans des recettes originales et de saison, mettant en valeur la légèreté et la gourmandise de la meringue.

L'accent est mis sur la précision des textures, l'équilibre des saveurs et la fraîcheur des ingrédients pour offrir des créations gourmandes et élégantes.
Chaque recette incarne un travail artisanal méticuleux, garantissant une expérience gustative aussi raffinée que délicate.

La Meringaie is a Parisian pastry shop specialized in creating pavlova, desserts made with crispy and melting meringue, topped with whipped cream and fresh fruit.
Their artisanal know-how is reflected in original, seasonal recipes that highlight the lightness and indulgence of meringue.

Each Pavlova is made with a meringue that is perfectly crispy on the outside and soft on the inside, paired with light whipped cream and enhanced by fresh seasonal fruits.
The focus is on the precision of textures, the balance of flavors, and the freshness of ingredients to offer delicious and elegant creations.
Each recipe embodies meticulous artisanal work, ensuring a tasting experience that is both refined and delicate.

♥

La Pavlova est un dessert australo-néo-zélandais, créé en l'honneur de la ballerine russe Anna Pavlova lors de sa tournée en Australie et en Nouvelle-Zélande dans les années 1920. Ce dessert léger et aérien, composé de meringue croustillante, de crème fouettée et de fruits frais, est devenu un symbole culinaire emblématique des deux pays.
Plusieurs origines existent quant à sa création, mais cette version reste la plus reconnue.

The Pavlova is an Australian-New Zealand dessert, created in honor of Russian ballerina Anna Pavlova during her tour of Australia and New Zealand in the 1920s. This light and airy dessert, made with crispy meringue, whipped cream, and fresh fruits, has become an iconic culinary symbol of both countries. Several origins exist regarding its creation, but this version remains the most widely recognized.

On adore aussi:

On vous recommande de ne pas partir sans goûter les meringuettes (chocolat, pistache, praline rose) et les délicieux macarons.

We also love

We highly recommend you don't leave without tasting the meringuettes (chocolate, pistachio, praline rose) and the delicious macarons.

LA MERINGAIE
PARIS
LA MERINGAIE
LA MERINGAIE

LA MERINGAIE

LES OURSONS DE MANON
LAISSEZ-VOUS EMPORTER DANS UN VOYAGE TENDRE ET NOSTALGIQUE À TRAVERS LES SOUVENIRS D'ANTAN
Take a journey through the gentle and nostalgic memories of childhood.
©Simon Detraz
15 RUE RICHARD LENOIR
75011, PARIS

Expérience 13 | Dégustez un ourson à la guimauve
Taste a marshmallow bear

Les Oursons de Manon vous invitent à un voyage dans les souvenirs d'enfance à travers des créations chocolatées uniques.

Véritable chocolaterie artisanale, l'enseigne revisite l'iconique ourson en guimauve avec des recettes originales et des ingrédients d'exception.

Enrobés de chocolat fondant et rehaussés de saveurs intemporelles comme la vanille de Madagascar, praliné noisettes ou caramel fleur de del, ces oursons rappellent les douceurs d'antan tout en offrant une touche d'élégance moderne.

Chaque bouchée, avec sa guimauve moelleuse et son chocolat craquant, est une invitation à la gourmandise et à la nostalgie. Découvrez un savoir-faire chocolatier qui émerveille petits et grands.

Les oursons de Manon invite you on a journey through childhood memories with unique chocolate creations. A true artisanal chocolate shop, the brand reinterprets the iconic marshmallow bear with original recipes and exceptional ingredients.

Coated in melting chocolate and enhanced with timeless flavors such as Madagascar vanilla, hazelnut praline, or caramel fleur de sel, these bears evoke the sweetness of the past while offering a touch of modern elegance.

Each bite, with its soft marshmallow and generous chocolate, is an invitation to indulgence and nostalgia. Discover a chocolate-making expertise that delights both young and old.

Les guimauves étaient à l'origine fabriquées à partir de la sève de la plante de guimauve, utilisée pour ses propriétés médicinales.
Avec l'ajout de sucre, la recette s'est transformée en une friandise sucrée au 19e siècle.
Au 20e siècle, en France, les oursons en guimauve enrobés de chocolat sont devenus une gourmandise très prisée.

Marshmallows were originally made from the sap of the marshmallow plant, used for its medicinal properties. Over time, with the addition of sugar, the recipe evolved into a sweet treat in the 19th century. In the 20th century, chocolate-covered marshmallow bears became a popular indulgence.

On adore aussi:

Nos coups de cœur : les délicieus oursons vanille, fruit de la passion et framboise.

We also love

Our favorites: delicious marshmallow bears in Vanilla, passion fruit, and raspberry flavors.

LES OURSONS DE MANON

©Simon Detraz

Expérience

14 | Dégustez un Makrout aux dattes

Taste a Makrout with dates

Pâtisserie Diamande vous invite à un voyage gourmand au cœur des saveurs orientales. Conçues avec passion et précision, ces créations allient tradition ancestrale et innovation moderne, dans des formats pensés pour émerveiller les papilles.
Chaque douceur est le fruit d'un savoir-faire authentique où la qualité et la créativité s'entrelacent harmonieusement.

Laissez-vous séduire par une sélection unique de pâtisseries raffinées.
Diamande propose un large choix de délices sucrés à composer selon vos envies, pour un plaisir sans limite.
Chaque bouchée est une promesse d'évasion, de voyage et un équilibre subtil entre textures fondantes, saveurs envoûtantes et esthétisme délicat.

Patisserie Diamande invites you on a gourmet journey into the heart of oriental flavors. Crafted with passion and precision, these creations blend ancestral tradition with modern innovation, designed to delight the taste buds.
Each delicacy is the result of authentic expertise, where quality and creativity intertwine harmoniously.

Let yourself be tempted by a unique selection of refined pastries. Diamande offers a wide range of sweet delights to mix and match according to your desires, for endless enjoyment.

Each bite is a promise of escape, a journey, and a subtle balance of smooth textures, captivating flavors, and delicate aesthetics.

La rue Sedaine à Paris porte le nom de Jacques-Marie-Bonaventure Sedaine, un célèbre dramaturge du XVIIIe siècle.
Reconnu pour ses comédies légères et ses œuvres populaires, il a marqué le théâtre français.
Le nom de la rue perpétue son héritage culturel et artistique dans le 11ème arrondissement.

Rue Sedaine in Paris is named after Jacques Marie Bonaventure Sedaine, a famous 18th-century playwright. Renowned for his light comedies and popular works, he left a significant mark on French theater.
The street's name preserves his cultural and artistic legacy in the 11th arrondissement.

On adore aussi:

Mhancha, dziriète amande & vanille, triangle noix de pecan, baklawa, le dôme huile d'olive romarin et tout plein d'autres

We also love

Mhancha, dziriète almond & vanilla, pecan triangle, baklawa, the dome olive oil rosemary, and lots of other delights.

DIAMANDE

DIAMANDE

Expérience

15 | Dégustez une choupette
Taste a choupette

Découvrez une gourmandise unique avec les Choupettes de Chouchou, où la chouquette traditionnelle est réinventée avec de la crème fouettée maison, douce et délicate.

Préparées à la commande dans des cuisines ouvertes, ces délices 100 % bio se déclinent en quatre saveurs irrésistibles : classique, chocolat, citron et café.
Visitez leurs charmantes boutiques à Montmartre et Passy pour une expérience visuelle et gustative inégalée.

Entre tradition et innovation, croquer dans une Choupette est un voyage gourmand.

Discover a unique treat with Choupettes de Chouchou, where the traditional chouquette is reinvented with homemade whipped cream, soft and delicate.

Prepared to order in open kitchens, these 100% organic delights come in four irresistible flavors: classic, chocolate, lemon, and coffee. Visit their charming boutiques in Montmartre and Passy for an unmatched visual and taste experience.

Between tradition and innovation, biting into a Choupette is an instant journey to seventh heaven

♥

La chouquette, petite pâtisserie légère parsemée de sucre perlé, trouve son origine en France.
Sa base, la pâte à choux, a été créée au XVIe siècle par le chef italien Pantanelli, avant d'être perfectionnée par des chefs français.
Appréciée pour sa simplicité, elle est devenue un classique incontournable des goûters.

The chouquette, a delicate pastry sprinkled with pearl sugar, traces its origins to France. Its foundation, choux pastry, was first created in the 16th century by Italian chef Pantanelli, later refined by French chefs. Loved for its simplicity, it has become a beloved classic for afternoon treats.

On adore aussi:

Le coffret de luxe, si élégant et raffiné, parfait à offrir ou à savourer.

We also love

The luxury box, so elegant and refined, is perfect to give as a gift or to enjoy yourself.

LA CHOUQUETTE BIO QUI EN JETTE
LES CHOUPETTES de ChouChou
PARIS — 18e MONTMARTRE — 16e PASSY
LES CHOUPETTES de ChouChou
Ouvert du mardi au samedi
de 10h30 à 19h30
tél.: 09 52 43 31 82
www.leschoupettesdechouchou.com

LES CHOUPETTES DE CHOUCHOU

LA PANIFACTURE
LE PLAISIR DE PARTAGER UN MOMENT GOURMAND, ENTOURÉ DE VIENNOISERIES FAITES AVEC AMOUR
The joy of sharing a delicious moment surrounded by pastries made with love
104 RUE SAINT-MAUR
75011, PARIS

Expérience

16 Dégustez un chausson aux pommes

Taste the Apple turnover

Chaque moment passé dans ce lieu unique est une célébration de la convivialité et de la création de souvenirs autour d'un pain de qualité. Un savoir-faire artisanal exceptionnel, où chaque produit est façonné à la main avec soin.

Les pains, réalisés à partir de levain naturel et de fermentations longues, se distinguent par leur saveur inimitable et leurs bienfaits pour la santé.

La Panifacture vous invite à savourer le plaisir simple des délices fabriqués avec passion et patience, en partageant des instants authentiques et gourmands dans un cadre chaleureux et accueillant.

At La Panifacture, every moment spent in this unique place is a true celebration of conviviality and the creation of memories around quality bread.
An exceptional artisanal know-how, where each product is carefully handmade.

The breads made from natural leaven and long fermentation stand out for their unique flavor and health benefits.

La Panifacture invites you to savor the simple pleasure of treats made with passion and patience, while sharing authentic and indulgent moments in a warm and welcoming setting.

Le chausson aux pommes provient des pâtisseries médiévales où des fruits étaient enfermés dans une pâte brisée. Avec l'arrivée de la pâte feuilletée au XVIIIe siècle, la recette s'est affinée, devenant plus légère et croustillante. Il a gagné en popularité au XIXe siècle, notamment grâce aux pâtissiers français, pour devenir un incontournable des boulangeries.

The apple turnover originates from medieval pastries where fruits were enclosed in a shortcrust pastry. With the introduction of puff pastry in the 18th century, the recipe became lighter and crispier. It gained popularity during the 19th century thanks to French pastry chefs becoming a bakery staple.

On adore aussi:

L'incroyable financier noisette et le flan si intense en vanille, un véritable régal !

We also love:

The incredible hazelnut financier and their flan, so intense in vanilla, a true delight !

LA PANIFACTURE

Expérience 17

Dégustez une glace à la Achtā

Taste an Achtā ice cream

Découvrez des glaces libanaises artisanales et 100 % bio, préparées selon des recettes familiales transmises depuis trois générations.

Situé au cœur de la capitale, Bachir se distingue par ses saveurs authentiques. Vous pourrez déguster : la Achta, un délice composé du meilleur du lait, de la sève de pistachier, de fleur d'oranger, sublimé par une généreuse couche de pistaches concassées.

Ce glacier offre une expérience gourmande unique, où tradition et qualité se rencontrent pour ravir les amateurs de découvertes gustatives et de produits sains.

Discover artisanal Lebanese ice creams that are 100% organic, made from family recipes passed down through three generations.

Located in the heart of the capital, Bachir stands out for its authentic flavors. You can enjoy the Achta, a delight made from the finest milk, pistachio sap, and orange blossom, topped with a generous layer of crushed pistachios.

This ice cream parlor offers a unique gourmet experience, where tradition and quality come together to delight lovers of new flavors and healthy products.

L'Achta est d'origine libanaise et fait partie de la cuisine orientale, particulièrement utilisée dans les desserts traditionnels.
Cette crème onctueuse à base de lait épaissi est souvent parfumée à la fleur d'oranger ou à l'eau de rose et garnie de pistaches pour plus de saveur.

Achta is of Lebanese origin and is a staple of Middle Eastern cuisine, especially used in traditional desserts. This rich, creamy delight made from thickened milk is often flavored with orange blossom or rose water and topped with pistachios for added flavor.

On adore aussi:

Leurs incroyables parfums: pétales de rose, pistache, amande, mûre, vanille, fraise, abricot, citron, chocolat intense, chocolat au lait et café.

We also love

Their incredible ice creams : rose petal, pistachio, almond, blackberry, vanilla, strawberry, apricot, lemon, intense chocolate, milk chocolate, and coffee.

58
GLACE LIBANAISE BIO
BACHIR
BACHIR
NEEDS
CREAM
BACHIR
BACHIR
BACHIR

BACHIR

LOLILOL
CHIMNEY CAKE
LE CHIMNEY CAKE, UNE TEXTURE CROUSTILLANTE À L’EXTÉRIEU
ET UNE DOUCEUR MOELLEUSE À L’INTÉRIEUR
The Chimney Cake, a crispy texture on the outside and a soft, fluffy on the inside
19 RUE DE TURENNE
75004, PARIS

Expérience 18 | Dégustez un Chimney Cake Cannelle
Taste a Cinnamon Sugar Chimney Cake

Découvrez la magie des Chimney Cakes, ces délicieuses pâtisseries venues de Transylvanie, dans un salon de thé etx concept store unique en son genre à Paris le Marais.

Le chimney cake, également connu sous le nom de kürtőskalács, est une délicieuse pâtisserie d'Europe centrale préparée en enroulant une pâte autour d'un cylindre en bois, puis en la faisant cuire lentement au four. Une fois cuits, ils sont généralement saupoudrés de sucre ou de fruits secs, ce qui leur donne une saveur délicieusement sucrée.

De nos jours, les chimney cakes ont évolué pour inclure de nombreuses variations. Les chimney cakes sont une véritable gourmandise qui ravira les papilles des gourmets. Vous ne pourrez pas résister à leur délicieux goût et à leur aspect unique.

Discover the magic of Chimney Cakes, those delicious pastries from Transylvania, in a unique tea room & concept store in the heart of Le Marais, Paris.
Known as kürtőskalács, these delightful pastries from Central Europe are made by wrapping dough around a wooden cylinder and baking it slowly in the oven.
Once cooked, they are typically sprinkled with sugar or dried fruits, giving them a sweet and irresistible flavor.

Today, chimney cakes have evolved to include many variations. Chimney cakes are a true treat that will delight the taste buds of food lovers. You won't be able to resist their delicious taste and unique appearance.

♥

Le chimney cake, ou "Kürtőskalács", aurait été inventé au XVe siècle en Transylvanie, dans la communauté hongroise.
Selon les récits, il serait né de l'ingéniosité des villageois cherchant à cuire un gâteau sans four traditionnel. Enroulé autour de broches en bois et cuit au feu de bois, il a évolué pour devenir une gourmandise festive, souvent garnie de sucre, noix ou cannelle.

Chimney cakes, or kürtőskalács, are believed to have been invented in the 15th century in Transylvania, within the Hungarian community. According to stories, it was created out of the ingenuity of villagers seeking to bake a cake without a traditional oven. Rolled around wooden spits and cooked over an open fire, it has evolved into a festive delicacy, often topped with sugar, nuts, or cinnamon.

On adore aussi:

Goûtez les versions salées : une pâte gratinée au fromage, simplement irrésistible !

We also love

Try the savory versions: a cheese-gratinated crust, simply irresistible!

lolilol

LOLILOL CHIMNEY CAKE

GALBAR
REDÉCOUVREZ LA CRÊPE
COMME VOUS NE L'AVEZ JAMAIS GOÛTÉE !
Rediscover the crepe like you've never tasted it before !
50 RUE DU FAUBOURG POISSONNIÈRE
75010, PARIS

Expérience

19 | Dégustez une crêpe cône
Taste a cone crepe

Un concept unique qui réinvente la crêpe avec style et gourmandise !
Dans ce bar à crêpes, savourez des crêpes en cônes élaborées avec une farine bio d'exception et généreusement garnies de produits faits maison.

Les crêpes iconiques s'inspirent des grandes pâtisseries françaises : laissez-vous séduire par la douceur d'une crème brûlée, l'intensité d'une Tatin, ou l'élégance d'une citron meringuée.

Chaque bouchée est une véritable explosion de saveurs.
Et pour les curieux, découvrez chaque semaine une création originale, l'incontournable crêpe du moment.

*A unique concept that reinvents the crepe with style and indulgence!
In this crepe bar, savor cone-shaped crepes made with exceptional organic flour, generously filled with homemade ingredients.*

The iconic crêpes are inspired by great French pastries, let yourself be tempted by the sweetness of a crème brûlée, the richness of a tarte Tatin, or the elegance of a lemon meringue.

Each bite is a true explosion of flavors. And for the curious, discover a new original creation every week, the must-try crêpe of the moment.

♥

La rue du Faubourg Poissonnière doit son nom aux poissonneries qui y étaient autrefois installées, à l'époque où cette rue était un axe commercial important. Aujourd'hui, elle est un mélange d'anciens commerces et de lieux branchés, animée et cosmopolite.

Rue du Faubourg Poissonnière takes its name from the fishmongers that once lined the street, back when it was an important commercial hub. Today, it is a blend of old shops and trendy spots, lively and cosmopolitan.

On adore aussi:

Goûtez absolument les crêpes salées, elles sont délicieuses ! Gros coup de coeur pour le poulet mango et le tonton saucisse!

We also love

Be sure to try the savory crêpes, they are delicious! We loved the chicken mango and the tonton saucisse !!

ICONIQUES
GALBAR

GALBAR

Expérience **20**

Dégustez une madeleine

Taste a madeleine

Le Comptoir de Madeleine vous propose une expérience gustative unique avec des madeleines fraîches, cuites tout au long de la journée pour garantir une dégustation d'exception. Ces petites douceurs, délicatement dorées, ravivent les souvenirs d'enfance à chaque bouchée.

Cinq parfums sont disponibles, quatre sont permanents incontournables et savoureux : Vanille, Citron, Caramel beurre salé et Nocciolata et un parfum éphémère qui change selon les saisons et les inspirations.

Chaque madeleine est préparée avec soin, dans le respect des traditions, pour offrir un moment gourmand et chaleureux.

Le Comptoir de Madeleine offers a unique tasting experience with fresh madeleines, baked throughout the day to ensure an exceptional tasting experience.
These little treats, delicately golden, revive childhood memories with every bite.

Five flavors are available, four are permanent, essential, and delicious: Vanilla, Lemon, Salted Butter Caramel, and Noccialata, along with a seasonal flavor that changes according to the seasons and inspirations.

Each madeleine is carefully prepared, respecting tradition, to offer a delightful and warm moment.

Les madeleines, originaires de Lorraine au XVIIIe siècle, sont des petites douceurs à la forme de coquillage. Leur nom viendrait d'une servante, Madeleine, qui aurait créé la recette au château de Commercy. Réalisées avec une pâte légère, elles sont devenues emblématiques de la pâtisserie française.

Madeleines, originating from Lorraine in the 18th century, are small treats shaped like shells. Their name is said to come from a servant, Madeleine, who is believed to have created the recipe at the Château de Commercy. Made with a light batter, they have become emblematic of French pastry.

On adore aussi:

Nos madeleines coup de coeur sont sans aucun doute les madeleines carame salé et nocciolata,
Elles sont si gourmandes !

We also love

Our favorite madeleines are undoubtedly the salted caramel & nocciolata, they are so indulgent !

Le Comptoir de Madeleine

LE COMPTOIR DE MADELEINE

©Agence4k

LA PAGE DÉDICACES

AUTOGRAPH PAGE

Merci à nos précieux partenaires

La Food Experience n'aurait pas vu le jour sans l'engagement et la passion de nos partenaires. Vous avez contribué à rendre ce projet unique, en partageant votre savoir-faire, vos valeurs, et vos lieux emblématiques qui enrichissent l'expérience culinaire parisienne.

À chaque artisan, restaurateur, producteur et lieu d'exception mentionné dans ce livre, votre collaboration nous a permis de capturer l'essence de la pâtisserie et gourmandises parisiennes.

Merci de faire partie de cette belle aventure et de contribuer à sublimer La Food Experience.

Avec nos respects,
L'équipe de La Food Experience

Thanks to our partners

La Food Experience would not have come to life without the dedication and passion of our partners. You have played a huge role in making this project unique by sharing your expertise, values, and the iconic places that enrich the Parisian culinary journey.

To every person featured in this book, we express our deepest respect.
Your collaboration has allowed us to capture the essence of pastries and sweets,
offering to our readers an unforgettable adventure.

Thank you for being part of this wonderful journey and for helping to elevate La Food Experience.

With heartfelt appreciation,
La Food Experience Team

ISBN : 978-2-9597863-0-3
Dépôt légal : Février 2025
Achevé d'imprimer en Février 2025 par
ROUDENNGRAFIK